TURKISH POETRY TODAY
2014

TURKISH POETRY TODAY

2014

R·H·B
2014

Turkish Poetry Today is published annually by Red Hand Books, England.

Editor:
GEORGE MESSO

Advisory Editors:
ŞENOL BEZCİ, Ankara University.
T. KENNY FOUNTAIN, Case Western Reserve University.
FAHRİ ÖZ, Ankara University.

www.turkishpoetrytoday.com
turkishpoetrytoday@gmail.com

www.rhbks.com

ISBN 978-0-9575977-9-2

Contents

LÂLE MÜLDÜR

Translated by Lisa Bourbeau

Seni bırakıyorum

Seni bırakıyorum semender ellerimle
Seni bırakıyorum
Seni bırakıyorum
Duvarlarda kurutulan anemon ellerimle

İçimdeki sulara
İçimdeki sazlıklara
İçimdeki bataklıklara
Seni bırakıyorum

Seni bırakıyorum kendine kapanmış
Kollarımın anarşik güzelliğiyle
İçimdeki yosun yeşili sulara
İçimdeki tehlikeli kıyılara
İçimdeki siyah ışığa
Seni bırakıyorum

Seni yatıracağım ellerimde
Bir ıhlamur yaprağı gibi
Seni yatıracağım göğüslerimde
Menekşeler gibi
Seni yatıracağım gözlerimde
Bir yağmur suyu gibi...

I Leave You

I leave you with my salamander hands
I leave you
I leave you
With my anemone hands parched at the wall

To the waters inside of me
To the bulrushes inside of me
To the marshes inside of me
I leave you

I leave you to your self apparently shuttered
With the anarchical beauty of my arms
To the moss green waters inside of me
To the perilous shores inside of me
To the black light inside of me
I leave you

I will lay you down in my hands
Like the leaf of a linden
I will lay you down on my chest
Like violets
I will lay you down on my eyes
Like fallen rain

Destina

dün gece sen uyurken ismini fısıldadım
ve hayvanların korkunç
öykülerini anlattım
dün gece sen uyurken
çiçeklere su verdim
ve insanların korkunç
öykülerini anlattım onlara
dün gece sen uyurken
yüreğim bir yıldız gibi bağlandı sana
işte bu yüzden sırf bu yüzden
yeni bir isim verdim sana
Destina
sen öyle umarsız uyusan da bir köşede
işte bu yüzden sırf bu yüzden
yaşamdan çok ölüme yakın olduğun için
seni bu denli yıktıkları için Destina
yaşamımın gizini vereceğim sana...

Destina

last night while you were sleeping i whispered your name
and of animals i told horrific tales
last night while you were sleeping
i gave water to the flowers
and i told them
horrific tales of humans
last night while you were sleeping
like a star my heart was fastened to you
here for this reason simply for this reason
a new name i gave to you
DESTINA
you might be sleeping by yourself so without hope too
here for this reason simply for this reason
because your existence is so much closer to death than life
because they have broken you so Destina
the secret of my life is my offering to you

Defneler

uzaklık daima uzaklık
defneler düşerken dizlerimize
düşerken aşağıdaki çamur yatağına
ne demiştin sen?
hiç bu kadar iyi uyumamıştın böyle
defneler düşerken dizlerine
portakalları sakla demiştim sana
uzaklık daima uzaklık
bil ki beni her an bulabilirsin

With Laurels

distance always and forever distance
with laurels while falling to our knees
while falling lower to a bed of dirt
whatever had you said?
you had never slept as well as this
with laurels while falling to your knees
i told you hide the oranges
distance always and forever distance
understand you can in any instance find me

Eskil Bir Aşk Öyküsünün

boynumda yağmurdan bir kolye...

ıslak taşlara oturuyorum bugünlerde...

bir siyam kedisi ve ben... pek çok şeyi geriye doğru unutuyoruz...

eski rus bir sevgilim vardı...

başka birisini göze alamam bugünlerde...

öykü safir aynalı bir salonda geçiyordu...

herşey önce çok güzel başlıyordu...

sen, gözünde siyah bir bant, beni dansa kaldırıyordun...

ben seni portekizli bir korsan sanıyordum...

sonra ortaya çıkıyordu eski bir rus soylusu olduğun...

yelkenbezi fularını çıkarıp... bir reverans yapıyordun...

odadan yavaş yavaş herkes, soylu soysuz herkes çıkıyordu...

ikimiz bir de kediler kalıyordu... hava alamıyorduk...

An Archaic Love Story

on my neck a necklace made from rain....

i am dwelling these days in wet stones....

my siamese cat and i…

we are forgetting retroactive countless things …

an ancient russian was my sweetheart…

i cannot take a chance on someone else these days…

the story passed in a salon with a sapphire mirror…

everything was beautiful at first…

you, a black patch on your eye, holding me dancing…

i imagined you a portuguese buccaneer…

later it had surfaced that you were an ancient russian aristcrat…

dropping your foulard of sailcloth and…taking a bow

everyone slowly slowly from the room, aristocrat baseborn

kapıları mühürlüyorlardı... eskil bir aşk öyküsünün içinde

kalıyorduk... biz seni portekizli bir korsan sanıyorduk...

bir siyam kedisi ve ben...

everyone

exiting… you and i with the cat remained…

we couldn't breathe…they sealed the doors…

we remained within an archaic story of love….

we had thought you were a portuguese buccaneer…

a siamese cat and i…

Terra Del Fuego

Deniz kabuklarının arasında. Yosunların arasında.
Denizaltının o karanlık nesnelerinde.
Senin imgen var.
Düşlerimde gördüğüm Siyam kedilerinde.
ODARA DUVARLARINDA.
ODARA duvarlarının çatlaklarında.
Bende bıraktığın belirleyici pençe izlerinin
açıldığı ya da kapandığı yerde. SENİN YÜZÜN VAR.

Tierra Del Fuego

In the midst of seashells. In the midst of seaweeds.
In those shadowy things of the underwater.
Your image is present there.
Beheld in the Siamese cats of my dreams.
ON THE WALLS OF ODARA.
In the cracks of ODARA'S walls.
In the place too where the significant marks
your claws left on me open or close. YOUR FACE IS THERE.

"Poinciana"... ağacın şarkısı
Dalga sesleriyle uyuduğumuz o baraka.
Gölgelerimiz birbirine karışmıştı o uzayıp giden
kumsalda. Işığın sonsuza ayrıştığı o elmas noktalar.
YOKOLUŞ NOKTALARI. Gözlerin. Menekşe moru
ya da siklamen demiştin.
"Canta mais" ... bir kere daha söyle...

GRİ BİR PUMA gizlenmişti bir ağacın ardına.
Kara bir hayvan gibi gizliyordun yüreğini.
Bir anakonda kadar zehirli bir solitarius
kadar yalnızdın. Bir gün aynalarda
bir başkasını değil de kendimi gördüğüm an
her şey bitecek demiştin.

Ben BULANIK BİR SU KENARINDAYDIM sen
Estrada do Sol'a hareket ettiğinde.
Sesini duyabiliyordum onca uzaklığa karşın.
Sonra sonra yitirdim sesini, yüzünün aldığı biçimleri.
Önemsiz sıradan şeyleri anımsamak benimkisi.
Mesela seni bir gün arkadan görüşüm.
Yarıda bıraktığın bir cümle. "El Pampero
yolcularının geçmek zorunda kaldığı nehir"...

"Poinciana" ... song of the tree
The shack where we slept with the cries of the sea.
Our shadows stretched out on the beach and have merged
one with the other. That diamond points to light's endless separation.
ANNIHILATION POINTS. Your eyes. Violet purple
or cyclamen you had said too.
"Canta mais"... Sing it one more time.

A GRAY PUMA, you have hidden behind a tree.
You have hidden your heart like a black beast.
You are as poisonous as an anaconda as isolated
as a blue rock thrush. You have said all things
will come to an end one day the instant I have seen
myself in the mirror not someone else.

I was on the BANKS OF A CLOUDED WATER
when you moved to Estrada do Sol.
I could hear your voice in spite of the distance.
Later later I lost your voice, the shape of its face.
Mine is the recollection of inconsequential ordinary
things.
For instance one day my perception of you is from behind.
One sentence that you left unfinished. "The river
the El Pampero passengers have to cross..."

Sonra neden hep seni anımsamak gerektiğinde
saçma sapan şeyler geliyor aklıma.
Sana uzun uzun jaguarları, armadilloları,
mangoları, hint kirazlarını anlattırışlarım.
BALIKLARIN gözü açık uyuduğunu
öğrendiğimde ne kadar şaşırdığım sonra.
Bu kızı saçma sapan şeylerle etkilemek
ne denli kolay diye düşünüşün. Ya da
öyle düşündüğünü düşünmem. Öyle düşündüğünü
düşünmemi şimdi yine düşünmemin izdüşümleri.
Düşüncelerimin düşünceleri… anılarımın anıları…

Ben o günler hep Terra del Fuego'ya gitmek istiyordum.
Pikapta sürekli Gato Barbieri, Carlos Jobim, Baden
Powell çalıyordu. Antonico, Yo Le Canto a la Luna,
Falandı de Amor, Saudades de Bahia… The Girl From
Ipenema, Bolivia… Günlere odamdan çıkmayıp
tropikleri düşündüğüm oluyordu.
Tropicus… Mar del Tropicus…
Tropikleri düşünüşümü yanlış anlıyorlardı.
Yorgun, kısır kültürlere bir tepkiydi oysa bu.
İlkel bir sesi özleyiş. Gizemin yeniden aranışı.
Bir kaçıştı belki. Uzak bir kaçış.
Kaçmak istediğim onca şeyi bilselerdi….

When it is necessary to remember you at all
foolish things come to my mind.
Your extensive extended descriptions to me
of indian cherries, mangos, jaguars, armadillos.
How amazed I was as well in learning then
that FISHES slept with open eyes.
How easy you imagined it to so impress
this girl with foolish things. Or too I don't think
its what you had thought. Or the projections of my still
thinking what you had thought are my thoughts now.
Thoughts of my thoughts… memories of my memories

All those days I had yearned to go to Terra del Fuego. On
the record player Gato Barbieri, Carlos Jobim, Baden Powell
was playing constantly. Antonico, Yo Le Conto a la Luna,
Falando de Amor, Saudades de Bahia… The Girl From
Ipanema, Bolivia… There were days I did not leave my
room thinking of the tropics.
Tropicus… Mar del Tropicus…
They had misunderstood my thinking of the topics.
In fact this was a reaction to stale, sterile cultures.
Longing for a primordial voice. Seeking mystery anew.
Perhaps an escape. An escape far away.
If they knew the things that I wished to flee…

"MAYA'LARI ASLA ANLAMAYACAĞIZ"

Gerçekten bir şey oluyor burada. Gizemli bir şey.
Bir denizaltı kadar görkemli ve garip.
Gri bir günde camlardan yağmuru seyretmek.
Saydam yusufçuklar yavaşça uzaklaşıyor ve beni
sana getiriyorlar topaz tapınaklarda.
Sen bir güneş tanrısı gibi gülümsüyorsun.
Biliyor musun kaç yıl tek başınaydım ben
karmaşanın içinde. Bir türlü tutunamıyordum işte.
Bir tek senin yanında yürümüştüm ben
topaz bir günde ve suya yakın.
Geceleri üstümü örterdin. Sonra konuşmazdın hiç.
Uzun süre konuşmazdık. Gözlerinde kaybolurdum.
Bu suskunluk anlaşılır bir şeydi. Deniz
ve karanlık yerlerden geçen bir nehrin sessizliği gibi...

Biliyor musun bir şey oluyor burada. Garip Bir şey.
Bulanık bir suda yokoluş gibi.
Gözlerimde beyaz kelebekler uçuşuyor
ve kendime getiriyorlar yavaşça
     beyaz odalarda...

"WE'LL NEVER UNDERSTAND THE MAYA"

Actually, something happens in this place. A mysterious thing.
Exotic and sublime as an undersea.
Look at rain from windows on a gray day.
Translucent dragonflies slowly withdrawing and they
bring me to you in topaz sanctuaries.
You smile like a sun god.
Don't you know how many years I was by myself
in turmoil. Somehow I couldn't hang on you see.
I had only walked by your side
on a topaz day and to the nearby water.
Nights you would envelope me in covering. Then you wouldn't
speak at all.
We didn't speak for an interminable time. I was lost in your eyes.
This silence was an understandable thing. Like the silence
of a river that has passed by the sea and from shadowy
places...

You know something happens in this place. A strange
thing.
Like annihilation by a clouded water.
White butterflies flutter before my eyes
and slowly they carry me
into white rooms....

Unutuşum başka bir sendi. Ben ölüyordum Tropiko.
Unutuşun beyaz romansıyla ölüyordum.
Söyleyecek başka bir şeyim yok artık.
Unutmak istemiyordum oysa.
Güzel kalan yaralar da vardır çünkü...
Limon kokulu, yağmurlu kadınlar vardır.
Hiç unutmayan kadınlar vardır... Limon kokulu...
her şeye rağmen... yağmur kalan kadınlar vardır...

*

Ben iyiyim şimdi. Sen nasılsın?

The you of me forgetting was another you. I was dying in those tropics.
With the white romance of forgetting, I was dying.
Apart from this I have nothing to confess anymore.
Although I was not seeking to forget.
Because there exists the beautiful wounds left too…
There exist lemon fragrant, pluvial women.
There exist women who do not forget at all.…. Lemon fragrant…
Despite everything… there exist women surviving rain…

*

I am fine now. How are you?

GÜVEN TURAN

Translated by Ruth Christie

Gizli Alanlar

I

Uçurumun dibinde
kurumuş
dereyatağının içi

Derinliğin dorukları
çekiyor beni

Boşunadır
boşluk

Secret Domain

I.

In a riverbed
dried up
at the base of the abyss

The depths of
the heights
attract me

Empty space
is useless

II

Kavak pamukları
ölü yemişler

Bir an dursam
denize baksam
çakmaya başlar
şimşekler

Uzak

Gökgürültüsü yoktur

II.

Cotton-like fruits of the poplar
dead fruit

If I stay a moment
and look at the sea
lightning
begins to flash

Distant

No thunder

III

Birlikte
gelmediler buraya

Biri döndü

Affedici olmalı
ayva çiçeklerinin açışı
sıradan görülmemeli

Kalan nerede

III.

They didn't come here
together

One turned back

It's better to forgive
the blossoming of quince flowers
they needn't look simple

Where's the latecomer

IV

Pamukşekerleri
ve şimşek mavisi

Elektrikli

Yalnızım
bir kitaba bakıyorum

O fotoğraflarda yok henüz

Okunmuyor
yazılmadı çünkü

IV.

Candyfloss
and lightning blue

Electric

I'm alone
looking at a book

There's still nothing in those photographs

Nothing to be read
for it hasn't been written

V

Siyah inciler de
fırtına öncesine benzer

Donuk ışıltılar

Kimin boynuna yakışır

Çıplak duruşun
matlığı

Kim o
yatak odasının kapısı
önünde duran

Düş

V.

Black pearls
like prelude to a storm

Dull gleams

Look well on someone's neck

Matt finish
of a naked pose

Who is that
standing before
the bedroom door

A dream

VI

Yıkıntılar

Portakal ağacı
aynı dal ucunda
geçmişin yemişleri
ve çiçekler

Yalnız değil

Kokularıyla yetiniyor
aşıyor
huzursuz ilkyazı

VI.

Débris

An orange tree
on the same branch
fruits of the past
and flowers

Not lonely

Contented with their fragrance
it outgrows
the troubled spring

VII

Av

Ateş çemberleri akıyor
ışımayan karanlık
gizlerini beklemiyorum
kovalanan ve
kovalayan

Sürek

Tüyler uçar rüzgârda
eğreltilerin altında
bir gaga
bir çift kanat

Hep kutsadı
ölüm kokusunu
reçine ve yosun

VII.

The hunt

Circles of fire flow by
radiating darkness
I don't wait for their secrets
pursued and
pursuing

Shooting

Feathers fly in the wind
under the ferns
a beak
a pair of wings

All sanctified
the smell of death
resin and moss

VIII

Uyuklama

Cennet ve cehennem
arasında
totentanz

Bilmiyorum
daha tanışmadım

IX

Saat kulesi

Kadran boş
öğle mi şimdi

Sağnak
gök boş

Gün dolaşıyor

VIII.

Dozing

The totentanz
between
heaven and hell

I don't know
we're not yet acquainted

IX.

Clock tower

The dial vacant
so is it noon

Downpour
a vacant sky

Day takes a stroll

X

Suyun altında
açık denize doğru
yüzmek

Kat kat alçalan
dip
derinlik

Cam göbeğinden
ışıksız bir dünyaya
açılmak

Korku
çekicidir

X.

To swim
underwater
straight to the open sea

Descending further and further
to the lowest
depths

To be opened
to a lightless world
from the glass belly

Fear
is seductive

XI

Gece
uçsuzdur

XII

Gün
uçsuzdur

XI.

Night
is endless

XII.

Day
is endless

XIII

Resim

Çalgıcılar
dans edenler
şarkı söyleyenler
tıkınanlar
bakmadan sağına soluna

Kalabalıktan kopmuş
uzaklaşan
bir kadınla bir
erkek
ıssız bir köşeye

Çıt çıkmıyor
bütün bu karmaşada

Büyü burada

XIII.

A picture

Musicians
dancers
singers
gluttons
not looking left or right

A man
and a woman
moving away
apart from the crowd
to a deserted corner

Not a sound
in all this confusion

Here is magic

XIV

Kısa bir ışıma
ve
kararma

Az sonra güneş doğar
geceyi ne yaptın
günü ne yapacaksın

XIV.

A brief radiance
and
a darkening

A little later sun-up
what did you do with night
what did you do with day

XV

İki duvar arasında
mevsim yok

Ya erken bir ilkyaz
ya sürekli
kış

Kapandın
çıkışsız geçit

Bir el uzanıp
dokunuyor

Titreşimler
yakın

XV.

No season
between two walls

An early spring
or a long
winter

You closed down
a pass with no exit

A hand reaches out
touches

Vibrations
close

XVI

Horasan çürüyor
oynuyor taşlar
yerinden

Her yıkım
çöküntü değildir

XVII

Sonsuzluk

Kuytularda
oyalanan
belli belirsiz
bir bergamut

Koku

XVI.

Mortar crumbles
stones shift
their position

Not all ruins
are débris

XVII.

Infinity

Dallying
in the shade
hardly visible
a bergamot

Fragrance

XVIII

Salt gövde

Dal yok
gri ile limonküfü

Yeşerir mi
yetişebilir mi
nisanın soluğuna

Kasım

XVIII.

Simply a trunk

No branch
grey and greenish-blue

Will it flourish
can it catch up
with April's breath

November

XIX

Kent

Çapraz ateşinde
biçilmiş ruh
arıyor

Saklanmak için
çekilmek gerek
sınırlarına

Bir ada

XIX.

The city

The soul cut out
under cross-fire
seeks

To hide
it must withdraw
to the frontiers

An island

XX

Işık yok

Bulutlar çözülüyor
ve dolunay görünüyor

Gölgem düşüyor
önüme

Karanlık koyulaşıyor
"ay battı" demek için
daha çok erken

XX.

No light

Clouds disperse
the full moon appears

My shadow falls
before me

Darkness thickens
it's far too early to say
"the moon has set"

XXI

Kristalin kesik ucunda
kırılma ve
yansıma

Kimlik hâlâ belirsiz
bir söz
söylenti
beklenilen

Ne zaman

XXI.

On a sharp edge of crystal
a break and
a reflection

The identity still unclear
hoped for
a word
a rumour

When

XXII

Ateş yok

Dalcıklar
kuru yapraklar
çakan kıvılcıma
hayat verecek
esinti yok

Soğuk

Düş kuramıyorum

XXII.

No fire

Twigs
dry leaves
no breath of air
to give life
to the struck spark

Too cold

To dream

XXIII

Bunca sertlikle
bunca tutulmaz
esriklik arasında
birşeyler kayıp gidiyor

Hiçbir söz
anlamdaş değil
seçilir
belirler
kalır

O adı bekliyorum
ne gün kesildi
ne saat

Ama gelecek

XXIII.

Between violence
and drunkenness
many things get lost
elusive

No word
is a synonym
it's chosen
it's indicative
it remains

I'm waiting for that name
neither day nor hour
is fixed

But it will come

XXIV

Bir kez daha
gece

Uykusuzluk
boşaltıyor pencereleri

Aydınlanma gecikecek
iç hız hep
öncüdür

Çıkacağım bir yer yok

XXIV.

Once again
night

Insomnia
empties windows

Enlightenment
will come late
inner speed is always
ahead

I have nowhere to go

XXV

Açıktaki ölü dalgaların
kalıntıları

Çıplak gök
yansıtıyor
kıpırtılarda
rüzgâraltında

Güneş

Yazdan yorulmuş
kıyı
bakmakla yetiniyor

XXV.

The residue
of a swell out at sea

Naked sky
reflected
in little tremors
leeward

Sunlight

Weary of summer
the shore

is content to watch

XXVI

Günortası
açmaya başlayan
akşamsefaları

Kararan batı

Hiçbirini görmüyorlar
panjurlar kapalı
ışık azaldıkça
gözbebekleri irileşiyor

XXVI.

At midday
four-o'clocks
mirabilis jalopa
begin to bloom

The darkening west

Shutters closed
see no one
light declining
the pupil of the eye grows big

XXVII

İlk karşılaşmayı
tanımlama güçlüğü

Uzun bir duruşun
güze ışıklarını düşürmesi

Süreç bir an sekiyor
ve yeniden işlemeye başlıyor

Her ikisi de
hatırlamayacak
tam ne olduğunu
daha sonra

XXVII.

The problem of describing
the first meeting

Letting the lights of a long pose
fall on autumn

The process misses a moment
and begins to function again

Neither
will remember
exactly what happened
till later

XXVIII

Temmuz ortası

Kıpırtısız bir koyun
kapalı ucunda
güneş yükseliyor

Batıda
ağır ağır solan
bir dolunay

Bütün gecenin
uykusuzluğu
dudaklardaki serinlik

XXVIII.

Mid July

The sun is rising
in a sheltered nook
of a quiet bay

In the west
a full moon
fades slowly away

Sleeplessness
all night
coolness on lips

XXIX

Gece
gölgelere çekilmektir

XXX

Gün
gölgelere çekilmektir

XXXI

Birden silinen sesler
bir düşten mi
silindi

Kıpırtısız beklemek
karanlığın içinde

Sessizlik
uyku
sensiz

XXIX.

Night
is a retreat into shadows

XXX.

Day
is a retreat into shadows

XXXI.

Suddenly sounds wiped away
were they erased
from a dream

To wait in darkness
motionless

Silence
sleep
without you

XXXII

Yıllar sonra
yeniden yer altında
yaşamak

Toplanıp çözülen bulutlar
pencerenin ucunda gezinen
güneş yok

Yeryüzüne çıkınca
hiçbir şey
aydınlanmıyacak

Yeniden sadece
sözle yetinmek zor

XXXII.

To live
underground again
years later

Clouds gather and disperse
no sun
lurks in a corner of the window

Nothing
that comes into the world
will be illumined

Again it's hard
to be content
with words only

XXXIII

Bir kentte yitirdiklerini
bir başka kentte
bulamamak

Görünüşte fark yok
hüzün her yerde dolaşabilir
gizlenebilir
bir kitabı okurken
her noktalama iminin
durağında

Bir başka dile sığınmak da
yetersiz

XXXIII.

Not to find
what was lost in one city
in another

There's no difference in appearance
sadness can wander anywhere
it can be hidden
in reading a book
in the pause
of every punctuation mark

To shelter in another language
is not enough

XXXIV

Yaz ortası
yazın tükendiğini yaşamak

Gün uzun
geldiği yerden daha geç
gün batımı

Kuzey

Yağmurlarda
kalabalığa karışmadan
yaşamayı öğrendi

Parklar

Hüznü yeniden
kullanmakta

XXXIV.

In midsummer
to live the exhaustions of summer

Day is long
sunset longer
than where he came from

North

He learned to live
in the rain
without mingling with the crowd

Parks

Consume melancholy
again

XXXV

Aydınlığın teni
gecede

Ağır çamların
gölgelediği panjurlardan
sığmasa da
dolunay
gövde ışıldıyor

Tutkunun
başka duyuları da
var
göz eksik kalabilir

XXXV.

Skin of light
at night

When the full moon
doesn't penetrate
shutters shaded
by heavy pinetrees
the body shines

Passion
has
other senses
the eye can be absent

XXXVI

Pisiotlarını
yaban yulafları
anımsamak

Yıkıntılar yok
dolaştığı yerde

Üzerinde yaseminler
sarkan bir duvarın
kenarında yürürken
durakla

Çiçeklerin
kokuları da yok

XXXVI.

Memory
of barley grass
and wild oats

No ruins
where he wanders

Walking by
a tumbledown wall
covered with jasmine
hesitant

The flowers
have no scent

XXXVII

Tanın ağarması yakın

Bir açık deniz kadar
çıplak

Ayakta

Odanın ortasında
ardına almış ışığı

İlk karşılaşmadaki
kadar
gizemli
örtük çıplaklığı

Yatağa gelinceye dek

XXXVII.

Dawn breaking soon

Naked
as an open sea

Standing still

In the middle of the room
light behind her

Nakedness veiled
mysterious
as
at the first encounter

Until she comes to bed

XXXVIII

Sıcak
yoğunlaşan bulutlar
sağnak

Ağustos başı
ilk işaretini veriyor
doğa
çınarlara, atkestanelerine
ıhlamurlara

Beklenilen
renk değişimi

Çamlar, ladinler
köknarlar
güzü tanımaz

İlkyazı da

XXXVIII.

Heatwave
clouds growing dense
a shower

August begins
nature
gives its first signal
to plane-trees, horse-chestnuts
lime-trees

The long-awaited
change of colour

Pines
spruce trees
firs
don't recognize autumn

Or the spring

XXXIX

Bardağa dökülen şarabın
yoğunluğu

Siyah üzümlerin
yazın bütün anılarını
taşıyan
kabuğu kalınlaşır
gecenin artan
serinliğinde

İlk yudumda başlamayan
esriklik

Susuzluk sürer

XXXIX.

Density
of wine poured into the glass

The peel of black grapes
carrying
all the memories of summer
thickens
in the growing cool
of night

Intoxication
doesn't begin at the first sip

Thirst continues

XL

Gece

Uykusuz
düş göremiyor
gün düşlerinden de kaçıyor

Kentinden uzaklaştığında
özlediği eviydi
şimdiyse

Ses
sadece ses

Kendi tenine dokunuşu
bile
yabancı

XL.

Night

Sleepless
he can't dream
and escapes from daydreams

In his flight from the city
it was the house he missed
but now

A voice
only a voice

Even
touch on his own skin
alien

XLI

Gece
teni aramaktır

XLII

Gün
teni aramaktır

XLI.

Night
is a search for flesh

XLII.

Day
is a search for flesh

XLIII

Ona yıldızları gösterdim

Yaz durgun

Kapıyı kapatınca
başlıyordu
zamanın akışı

Gün doğunca
suyun üzerinde kıpırdayan
başka bir evrenin
samanyolu olabilir

Çiyleri dağıtmadan
yürümeyi öğrettim mi
ona

Beklemeliyim

XLIII.

I showed her the stars

Calm summer

As I closed the door
the flow of time
was beginning again

As day breaks
perhaps the Milky Way
moves on the water
of another universe

Did I teach her
how to walk
without scattering the dewdrops

I must wait

XLIV

Uyanınca

Sadece bir
baş izi yastıklarda

Onca düş
onca düşleyiş

"Yalnız yatılınca
yalnız kalkılır"

Senin yerin
ne zaman bozulacak
geceler boyunca

XLIV.

Waking

On the pillows
the print
of only one head

Dozens of dreams
dozens of thoughts

"In bed alone
getting up alone"

When will your place
be disordered
through the nights

XLV

Dolunay olmaya hazırlanan
gökyüzü

Kentten ayrılmasaydım
bilemezdim
yeni ayın çıktığını

Karanlık bir gece bırakmıştım
ardımda
ışıltılı bir geceden
sonra

Evimde değilim
kapısını kendim kitleyip
çıksam da bir evden

Yolculuk içinde
yolculuk

XLV.

Sky
preparing for full moon

If I hadn't left the city
I'd never have known
the new moon rising

I left a dark night
behind me
after
a glowing night

I'm not at home
even when I lock the door
and leave a house

A traveller
on the road

XLVI

Bir kabartmanın
üstünden geçen el

Taşın sıcaklığı
ya da soğukluğu

Yıllarca beklemek
sonra

Eski bir okul defterini
açıp yeniden
bakmak

Okumadan

XLVI.

A hand
passing over a relief

A stone's heat
or its coldness

To wait for years
then

To open a school book
and
look again

Without reading

XLVII

Bir sabah
günler sonra
ağzımda ağzının
tadıyla uyanmak

Aşkın kokusu

Aşkın odak noktasının
kokusu

Yalnız

XLVII.

To wake up
one morning
days later
with the taste of your mouth
in mine

The smell of love

Smell
of love's focal centre

Alone

XLVIII

Gece
günü beklemektir

XLIX

Gün
geceyi beklemektir

XLVIII.

Night
is a waiting for day

XLIX.

Day
is a waiting for night

L

Gerilim

Sert bir fırtınada
iki rüzgâr sağnağı arasındaki
dinginlik

Sonsuzluk

İki sözcük arasındaki
soluk alma payı

Dudaklarını kıpırdatmadan
konuşmasını bilmek

O adı
tekrarlamanın başka
çözümü yok

L.

Tension

In a rough storm
the calm
between wind and showers

Infinity

To take a breath
between two words

To know how to speak
without moving the lips

There's no solution
except to repeat
that name

LI

Kalabalık içinde her zaman
yabancı

Sokaklarda çevresinde
yarattığı hızın boşluğu

İki kişilik
masalar dışında
suskun

Odasına döndüğünde
çitler arasında
yürüyor

LI.

Always a stranger
in the crowd

In the streets around
emptiness created by speed

Silent
ouside the tables
for two

Back to his room
he walks
between barriers

LII

Anımsanmayanların
yazılabilirliği
var mı

Bilgelik

Cebinde bir ayna taşısa
sürekli yüzüne baksa

Düğüm çözümlüdür

LII.

Is there a way
to write
of the unremembered

Wisdom

If there's a memorial slab in his pocket
and he looks at its face long enough

The question can be resolved

BEDRİ RAHMİ EYUBOĞLU

Translated by Clifford Endres & Selhan Savcıgil-Endres

İstanbul Destanı

İstanbul deyince aklıma martı gelir
Yarısı gümüş, yarısı köpük
Yarısı balık yarısı kuş
İstanbul deyince aklıma bir masal gelir
Bir varmış, bir yokmuş
İstanbul deyince aklıma Gülcemal gelir
Anadolu'da toprak damlı bir evde
Gülcemal üstüne türküler söylenir
Süt akar cümle musluklarından
Direklerinde güller tomurcuklanır
Anadolu'da toprak damlı bir evde çocukluğum
Gülcemal'le gider İstanbul'a
Gülcemal'le gelir

İstanbul deyince aklıma
Bir sepet kınalı yapıncak gelir
Şehzadebaşı'nda akşamüstü
Sepetin üstünde üç tane mum
Bir kız yanaşır insafsızca dişi
Boyuna bosuna kurban olduğum
Kalın dudaklarında yapıncağın balı
Tepeden tırnağa arzu dolu
Sam yeli, söğüt dalı, harmandalı
Bir şarap mahzeninde doğmuş olmalı
Şehzadebaşı'nda akşamüstü
Yine zevrak-ı derunum
Kırılıp kenara düştü

Istanbul Saga

Say Istanbul and I think of a seagull
Half silver half foam
Half fish half bird
Say Istanbul and I think of a fairy tale
Once upon a time
Say Istanbul and I think of the *Gülcemal*
In the tile-roofed houses of Anatolia
The folk sing about the *Gülcemal*
Milk flows from her faucets
Roses bloom on her mast
My childhood in a tile-roofed house in Anatolia
Sails to Istanbul on the *Gülcemal*
And on the *Gülcemal* sails home

Say Istanbul and I think of a basket
Piled high with henna-colored grapes
On a fine evening at Şehzadebaşı
A girl closes in ruthlessly female
Three candles atop her basket
What a fine tall beauty to die for
Her grape-stained lips sweet as honey
Full of desire from top to toe
Willow branch summer breeze harvest dance
She was surely born in a wine cellar
On a fine evening at Şehzadebaşı
Once again the keel of my heart
Shatters on the rocks

İstanbul deyince aklıma Kapalıçarşı gelir
Dokuzuncu Senfoniyle kolkola
Cezayir marşı gelir
Dört başı mamur bir gelin odası
Haraç mezat satılmakta
Bir gelinle güvey eksik yatakta
Köşede sedef kakmalı tombul bir ut
Tamburi Cemil Bey çalıyor eski plakta
Sonra ellerinde şamdanlar nargileler
Paslı Acem kılıçları
Amerikan kovboyları
Eller yukarı

Ne kadar da beyaz elbiseleri
Amerikan deniz erleri
Kocaman bir papatyadan yolunmuşlar gibi
Sütten duru buluttan beyaz
Beyazın böylesine ölüm yakışır mı dersin
Yakışmaz
Ama harbederken onlara
Bambaşka elbiseler giydirirler
Kan rengi barut rengi duman rengi
Kin tutar kir tutmaz

Say Istanbul and I think of the Grand Bazaar
The Ninth Symphony sashaying
Arm-in-arm with the Algiers March
Bridal suite including marriage bed
For sale to highest bidder lovely
Missing only the bride and groom
In the corner hangs a big-bellied oud
Trimmed in mother-of-pearl
Tamburi Cemil Bey on old 78's
Armloads of candlesticks and hookahs
Rusty Persian swords
American cowboys
Hands up

How white their uniforms
The American sailors
Like petals plucked from a huge daisy
Purer than milk whiter than clouds
Is this kind of white fit for death
Do you suppose
It is not
But for war they put on different clothes
Blood-colored gunpowder-colored smoke-colored
They don't show dirt only hatred

İstanbul deyince aklıma
Kocaman bir dalyan gelir
Kimi paslı bir örümcek ağı gibi
Gerinir Beykoz'da
Kimi Fenerbahçe'de yan gelir
Dalyanda kırk tane orkinos
Kırk değirmen taşı gibi dönmektedir
Orkinos dediğin balıkların şahı
Orkinos mavzerle gözünden vurulur
Denizin içinde ağaçlar devrilir
Kan çanağına döner dalyanın yüzü
Camgöbeği yeşili bulanır
Bir çırpıda kırk orkinos
Reisin sevinçten dili dolanır
Bir martı gelir konar direğe
Atılan kolyosu havada yutar
Bir başkasını beklemez gider
Balıkçı gülümser tatlı tatlı
Adı Marika'dır bu martının der
Her zaman böyle gelir böyle gider.

İstanbul deyince aklıma Adalar gelir
Dünyanın en kötü Fransızcası orda harcanır
Çalımından geçilmez altmışlık madamların
Ağzı dili olsa da tenhadaki çamların

Say Istanbul and I think of
A colossal fishing weir
One length a rusty spider web
Stretched tight at Beykoz
Another sagging at Fenerbahçe
Forty blue tuna in the weir
Wheeling like forty millstones
When you say blue tuna you mean
Blue tuna the king of fish
Shot in the eye with a Mauser
Sea-fans turn topsy-turvy in the waves
The weir now a bowl of blood
Moiled and murky the glass-green water
In the blink of an eye forty blue tuna
Fisherman tongue-tied with joy
A seagull lights on the mast to gulp down
The chub it snatched in mid-air
And flies off without waiting for more
Her name he says is Marika
Always she comes like this like this she goes

Say Istanbul and I think of the Islands
And the world's worst French on the tongues of
Pretentious sixty-year-old *madames*
If only the secluded pines could speak

Görüp göreceği rahmeti anlatsa insanların

İstanbul deyince aklıma kuleler gelir
Ne zaman birinin resmini yapsam öteki kıskanır
Ama şu Kızkulesi'nin aklı olsa
Galata Kulesi'ne varır
Bir sürü çocukları olur.

İstanbul deyince aklıma
Tophane'de küçücük bir sokak gelir
Her Allahın günü kahvelerine
Anadolu'dan bir sürü fakir fukara gelir
Kimi dilenecek dilenmesine utanır
Kiminin elinde bir süpürge peyda olur uzun
Dudaklarında kirli paslı bir tebessüm
Çöpçü olmuştur bugüne bugün
Kiminin sırtında perişan bir küfe
Kiminin sırtında nakışlı semer
Şehrin cümbüşüne katılır gider
Kalın yağlı bir kolana koşulur
Piyano taşırlar omuz omuza

What fine stories they might tell
Of God's gracious bounty acted out
Below their branches

Say Istanbul and I think of towers
If I draw one the other gets jealous
But if she were wise the Maiden's Tower
Would give her hand to the Galata Tower
And in good time produce a flock of children

Say Istanbul and I think of a little street
In Tophane where on each day
Given by God a string of poor people
From Anatolia show up at the coffeehouses
Some beg openly their faces red
Others idly push a broom back and forth
Lips twitching in sheepish smiles
Till one fine day they become Sanitation Engineers
Others work as porters bent beneath huge loads
Some with embroidered saddles on their backs
Part of the hustle and bustle of the city
Yoked together with a greasy rope
Shoulder to shoulder they haul a piano

Kendinden ağır yükün altında adamlar
Balmumu gibi erir dururlar
Sonra kanter içinde soluk alırlar
Nazik eşya nazik hamallar ister neylersin
Ama onlar kadar piyanoyu ciddiye alırlar mı dersin
Nazdan nazik çiniden bilezik eller
Derken
Karşı radyoda gayetle mülayim bir ses
Evlere şenlik üstad Sinir Zulmettin
Hacıyağına bulanmış sesiyle esner:
Gamü şadiyi felek
Böyle gelir böyle gider

İstanbul deyince aklıma
Stadyum gelir
Güne güneşe karşı yirmibeşbin kişi
Hepsinin dudağında İstiklal Marşı
Bulutlar atılır top top pare pare
Yirmibeşbin kişilik bir aydınlık içinde eririm
Canım ağzıma gelir sevinçten hilafsız
İsteseler bir gelincik gibi koparır veririm

İstanbul deyince aklıma
Stadyum gelir
Kanımın karıştığını duyarım ılık ılık

Men under a burden heavier than they are
Sweat dripping like wax from a candle
They set it down and heave and pant and blow
Delicate things need delicate handlers
But do you think they can handle with delicacy
A piano as big as themselves
Slender hands and tinkling bracelets
Radio playing softly
Then boom
The master Nerve-Wracker Zulmettin
Comes crooning in a voice swaddled in cheap perfume:
Sadness happiness tragic fate
So it comes so it goes

Say Istanbul and I think of a stadium
Twenty-five thousand people facing the sun
On their lips the Independence March
From their hearts clouds shoot like cannonballs
I melt in the glow of the twenty-five thousand
My heart with joy leaps to my mouth
I could pluck it like a poppy
And give it to whoever wanted it

Say Istanbul and I think of a stadium
My blood warms I feel it stirring

Memleketimin insanlarına
Daha fazla sokulmak isterim yanlarına
Ben de bağırırım birlikte
Avazım çıktığı kadar
Göğsümü gere gere
Ver Lefter'e yaz deftere

İstanbul deyince aklıma
Stadyum gelir
Binlerce insanın aynı anda
Aynı şeyi duymasından doğan sevincin
Heybetini düşünürüm
Birbirine eklenir kafamda
Binler yüzbinler milyonlar
Sonra bir mısra havalanır ürkek
Bir uykuyu cananla beraber uyuyanlar

İstanbul deyince aklıma
Yahya Kemal gelirdi bir eyyam
Şimdi Orhan Veli gelir
Deminden beri dilimin ucundasın Orhan Veli
Deminden beri senin tadın senin tuzun
Senin şiirin senin yüzün
Yaralı bir güvercin misali
Başımın üstünde dolanır durur

Along with that of my countrymen
I want to get closer to them
I want to join in their cheering
I shout at the top of my voice
I'm as proud as I can be
Pass the ball to Lefter he scores

Say Istanbul and I think of a stadium
Thousands of people ecstatic
Over one thing at one moment
I consider the splendor of it
Thousands hundreds of thousands millions
All add up to one another in my mind
Timorously there rises the line of a poem
Sleepers in sleep at one with the beloved

Say Istanbul and in his day
I'd have thought of Yahya Kemal
Now I think of Orhan Veli
These days it's Orhan Veli on the tip of my tongue
These days it's your sweetness your saltiness
Your poems your face
Your beacon a wounded dove
Soars above my head
Then lights quietly on a line of this poem

Gelir sessizce konar bu şiirin bir yerine
Neresine mi arayan bulur
Erbabı bilir
Deli eder insanı bu şehir deli
Kadehlerin çınlasın Orhan Veli

İstanbul deyince aklıma
Sait Faik gelir
Burgaz adasında kıyıda
Bir çakıltaşı seslenir
Mavi gözlü bir çocuk büyür döne döne
Mavi gözlü bir ihtiyar balıkçı gencelir küçülür
İkisi bir boya geldi mi Sait kesilirler
Bütün İstanbul'u dolaşırlar elele başbaşa
Ana avrat küfrederler uçan kuşa eşe dosta
Sivriadada da martı yumurtası toplarlar çilli çilli
Ziba mahallesinde gece yarısı
Sabaha Galata'dan geçer yolları
Maytaba alacakları tutar kahvede
Zararsız bir deliyi
Ula Hasan derler gazeteyi ters tutaysun
Çaktırmadan gazetesini tutuştururlar fakirin
Sonra oturup sessizce ağlarlar

İstanbul deyince aklıma
Sait Faik gelir

Which one the seeker may discover
The master will know
Crazy this city drives us all crazy
Let's clink glasses Orhan Veli

Say Istanbul and I think of Sait Faik
On the coast of Burgaz Island
A pebble calls out
A blue-eyed boy spins and grows bigger
An old blue-eyed fisherman grows younger and smaller
When they come to the same point they turn into Sait
Hand in hand head to head
They stroll through all Istanbul
On Sivriada they gather speckled seagull eggs
At midnight they cruise the red-light district
In the morning they hit the streets of Galata
At a coffeehouse they tease the local fool
My good Hasan your paper's upside down
They set fire to the poor man's newspaper
Then sit down and wordlessly weep

Say Istanbul and I think of Sait Faik
Who belongs to its rocks its soil its water
On the side of the poor and needy
A pen a heart growing keener and keener

Taşında toprağında suyunda
Fakirin fukaranın yanıbaşında
Bir kalem bir bilek bilendikçe bilenir
Kıldan ince kılıçtan keskin
Hep iyiden güzelden yana
Hep kimsesizlerin

İstanbul deyince aklıma
Sait'in son yılları gelir
Hey Allahım en güzel çağında Sait'e
Dört beş yıl ömrün kaldı denir
Sait Sait olur da nasıl dayanır
Mavi gözlü çocuk boşverir ölüm haberine
İhtiyar balıkçı pis pis düşünür
Bir zehir yeşilidir açılır
Bir yeşil ki ciğerine işler adamın
Bir yeşil ki kasıp kavurur

Küçük mavi çocuk
İhtiyar balıkçı
Ve dilimize bulaşan zehir yeşili
İstanbul çalkalandıkça bu denizlerde dipdiri
Dilimiz yaşadıkça yaşasın Sait'in şiiri

Finer than a hair sharper than a sword
Always with the good and the beautiful
Always on the side of the lonely

Say Istanbul and I think of Sait's last years
Oh God in the prime of his life they told him
He had only four or five more years
Sait being Sait how will he take this
The blue-eyed boy dismisses the news of his death
The old fisherman thinks black thoughts
A poison blooms in its own green shade
A green that leaches a man's soul
A green of relentless corrosion

Small blue-eyed boy
Old fisherman
And green poison furring our tongues
So long as Istanbul is tossed by these lively seas
So long as our tongues can speak let Sait's poems live

İstanbul deyince aklıma
Sabiyem gelir
Sabiyem boyundan büyük bir demetle
Sarıyer'den gelir Pendik'ten gelir
Bahar nereden gelirse velhasıl
Sabiyem oradan gelir
Ne delidir ne divane
Aslını ararsan Çingenedir
Tepeden tırnağa güneştir
Topraktır
Anadır
Analar içinde bir tanedir
Biri sırtında biri memesinde biri karnında
Karnı her daim burnundadır

Canını mendil gibi takar dişine
Yürekten birşeyler katar işine
Bir ucundan girer şehrin ötekinden çıkar
Alçakgönüllüdür Sabiyem
Hem maşa satar, hem göbek atar
Ver bir çeyrek güzelim der
Neyse halin o çıksın falin
Canı çıkar Sabiyem'in falı çıkmaz
Sonra anlatır dün gece başına gelenleri
Görürüm rüyamda bir sarı yılan

Say Istanbul and I think of Sabiyem
With a bouquet of flowers bigger than herself
She comes from Sariyer she comes from Pendik
In short wherever there's spring
Is where Sabiyem comes from
Neither fool nor madwoman
She's Gypsy to the core
From head to toe the sun
The earth
The mother
The one mother among mothers
A baby on her back at her breast in her belly
That belly always as big as a house

She takes her soul in her teeth
Pours her heart into her work
Dives down in one part of town and pops up in another
She's a modest girl my Sabiyem
Peddles fire-tongs and belly-dances
Says give me a lira my dear
I'll tell your fortune
Alas Sabiyem's predictions never come true
No matter how hard she tries
She tells us the dream she had last night
A yellow snake was in it she says

Cenabet uğraşır durur benimle
Uyanır bakarım benim bebeler
Yatağın ucuna kaymış
Ayağımın parmaklarını emer

İstanbul deyince aklıma
Bir basma fabrikası gelir
Duvarları uzun masaları uzun sobaları uzun
Dal gibi dalyan gibi kızlar çalışır bütün gün ayakta
Kan ter içinde mahzun
Yüzleri uzun elleri uzun günleri uzun
Fabrikada pencereler tavana yakın
Al topuklu beyaz kızlar dalga geçmeyin
Dışarda ağaçlar dizi dizi
Duvarlar duvarlar uzun duvarlar
Niçin ağaçlardan ayırdınız bizi
Dışarda tarlalar turuncu asfalt mosmor
Dışarda dışarda dışarda
Mevsim gürül gürül akıp gidiyor
Ondokuz yaşında Eyüplü Gülsüm
Dalmış beyaz köpük'lü akışına ipeklilerin

Kötü kötü düşünüyor
İpeğin akışına doyum olmaz
Ama gel gör ki ipekli emprimeden oğlana don olmaz

Filthy thing wouldn't stop poking me
I woke up looking for my babies
All slipped down to the foot of the bed
And sucking my toes

Say Istanbul and I think of a textile factory
High walls high tables high stoves
Girls thin or thick all day long on their feet
Sad and soaked in sweat
Long faces long hands long days
Windows up high close to the ceiling
No daydreamers these fine girls with aching feet
Outside are rows and rows of trees
Walls walls high walls
Why do you keep us from those trees
Outside are golden fields and purple asphalt
Outside outside outside
Season after season goes purling by
Hypnotized by the flowing river of white silk
Is nineteen-year-old Gülsüm from Eyüp

It's bad it's bad she's thinking
She can't get enough of that flowing silk
But silk is not for a son's underwear
She needs calico white as a swan

Bir top Amerikan bezi sakız gibi beyaz
Bir top Amerikandan neler çıkmaz
Perdeler yatak çarşafları çoluğa çocuğa çamaşır
Sakız gibi ağarmış bir top Amerikan bezi
Gülsüm'ün gözleri kamaşır
Üçüncü oğlanı doğururken Gülsüm
Bir top Amerikana hasret sizlere ömür
Gülsüm'lerin sürüsüne bereket
Yerine bir Gülsümcük bulunur elbet
Gider Gülsüm gelir Gülsüm
Azrail ettiğin bulsun

İstanbul deyince aklıma
Ağzına kadar soğan yüklü bir taka gelir
Sülyen kırmızısı üstüne zehir gibi yeşil
Samsun'dan Sürmene'den Sinop'tan

Yaz demez kış demez mutlaka gelir
Kirli yelkeninde yeni bir yama
Demirinin pası gelir dilime
Nabzımda duyarım motorunun hızını
Canımın içine sokasım gelir
İri kalçaları pullu denizkızını

What couldn't you do with a bolt of calico
Curtains bedclothes kids' underwear
One bolt of creamy calico
Gülsüm is dazzled
Gülsüm dies delivering her third son
The bolt of calico a regret in her life
There's no shortage of these Gülsüms
Another can take this one's place
Gülsüm goes Gülsüm comes
The angel of death takes what's owed

Say Istanbul and I think of a boat
Loaded down with onions
Painted toxic green on coral red
From Samsun from Sürmene from Sinop

Summer and winter without fail it comes
A new patch on its dirty sail
The taste of its rust on my tongue
Engine thrumming in time with my pulse
I want to bestow a huge hug
On this mermaid with the big scaly bottom

İstanbul deyince aklıma
Takalar gelir
Alçakgönüllü kalender
Ya Peleng-i Deryadır adları ya Şimşir-i Zafer

İstanbul deyince aklıma
Koca Sinan gelir
On parmağı on ulu çınar gibi
Her yandan yükselir
Sonra gecekondular gelir ardısıra
İsli paslı yetim
Ey benim dev memesinde cüceler emziren acayip
                                                  memleketim

Say Istanbul and I think of
Fishing boats
With modest names
Like Ocean Tiger and Sword of Victory

Say Istanbul and I think of Sinan
The great architect
His ten fingers like ten majestic plane trees
Soaring heavenward from near and far
And behind them ranks of shacks
Soot-blackened rust-covered orphaned
Alas at her giant's breasts she gives suck to dwarfs
                                        my crazy country

ASAF HÂLET ÇELEBİ

Translated by Mevlüt Ceylan

Gözler Kimi Gördüler

odalarda oturdum
        odaları kapladım
sokaklara çıktım
        sokakları doldurdum
görünen her şey ben oldum
ve her şey beni gören göz oldu
ve ben görünmez oldum

gözler kimi gördüler

Who the Eyes Have Seen

I sat in rooms
    and became one with them

I went out to the streets
    and the streets flowed in my veins

I changed into visible objects
and the objects into an eye that keeps
    watching me

yet I am not visible

MELİH CEVDET ANDAY

Translated by Sidney Wade & Efe Murad

Karacaoğlan Üzerine Çeşitlemeler'*den*

II

Kısmetse bu akşam Eğrikol' da yatarız,
Yürümeyen geleceği üzüntümün,
Uzaklara kar gibi yağıyor bilmediğim yıllar
Saklanmış sabahın akpak anısı.
bir kuyu görmüştüm orda, ağzı kapalı,
Geçmişin fazlalığını sınadı yüreğim,
Güzeller suyundan içip kanarmış.
Dizimde derman kalmamıştı, çöktüm oturdum,
Ağzı kapalı kuyuya baktım, akşamın başkenti
Konuşmaya başlamamış bir buzağı gibi,
Yazmalar gibi alaca bulaca baktım,
Bir söğüt, bir söğüt de baktı benimle,
Kuşların arasında dal konuşuyordu.
Kırılmamış taş gibiydi gün
Karanlık toprağı karıştırıyordu,
Gizlilik soyluluk veren yaşama.
Hiç güzel sevmedik mi yalan dünyada.
Gelinin ibrişimdi saçı, sustum kaldım,
Yatmadı benimle unutmam, ay toprağa değiyordu,
Üstüne dört libas giymişti
Bir kara, bir yeşil, bir al, bir beyaz,
Göğsünde dört nişan gördüm
Bir elma, bir ayva, bir nar, bir kiraz,
Cerenlerin yolundan koştu gitti.

from A Poem in the Manner of Karacaoğlan

II

We'll sleep tonight in Eğrikol, God willing.
The motionless future of my sorrow,
The years I never knew, fall like snow in far-away places.
The memory of snow-white mornings is hidden.
I saw a well over there, its mouth closed.
My heart examined the too-muchness of the past,
Those deceptive waters swilled by beautiful women.
No strength left in my knees, I collapsed and sat down.
I gazed at the closed-up well, stronghold of evening,
Like a calf that has not yet begun to speak.
Like a motley scarf, I gazed.
A willow, a willow gazed with me.
A branch was speaking, surrounded by birds.
The day was like unrefracted stone,
Darkness confused with the earth.
It is secrets that dignify life.
Do we not love beautiful women in this false world?
I kept silent, I'll never forget, as the bride with the silken hair
Did not sleep with me, and the moon touched the earth.
She wore four gowns on top of one another--
One black, one green, one red, one white.
I saw four emblems on her breast--
One apple, one quince, one pomegranate, one cherry.
She ran and disappeared down the trail of gazelles.

III

Iraktır derler Kefendiz'in yolunu,
Yaşlanmış bir yağmur gibi kararıyorum,
Kısmetse bu gece Kefendiz' de yatarız
Akşam, uyardığım yolların kutsallığı,
Doğunun sütündeki haşhaş, amansız ot.
Al benekli keten giyer kızları,
Kar gibi paylaşırlar çiçeklerin sessizliğinde
Filiz veren söğütlerin yanında türkü söylerler,
Sevdamın şamdanı yanar gözlerinin ucunda,
Bakışımın iki avucunda yunar kederim.
Al yeşil konakları var, al çuhalı
Yiğitler iner ufacık meşeli yollara,
Uçar beyaz kazlar, gergin kumrular konar
İnci mercandan dallara,
Mevsimidir büyüyen taşın, arada bir öten
Badem ağacının, büyülerle uyutulmuş toprakta.
Ah elin ve gökyüzünün çaresizliği...
Çok çekti gönlüm, gönlüm, ayrılıktan küçük bir kuş,
Uzakların kırağı düşmüş camı,
Sevdaya düşen yorulmaz derler.
Yedi türlü çiçek vardı başında
Dökmüş ince bele tel karmakarış.
Akşamdan soyunup girdim koynuna
Seher yıldızını gördüm, ülkeri gördüm,
Garipçe garipçe öten ibibik uyandırdı beni
Tekir' e gidecektim, ağır yağmurla yanyana,
Suyu dalgalı köprüden geçip.

III

They say the road to Kefendiz is very far away.
I darken like ancient rain.
God willing, tonight we'll sleep in Kefendiz.
In the evening I was warned of the sanctity of roads--
Unmerciful weed, hashish in the milk of the east.
The girls wear red-flecked linen,
And they glitter like snow in the silence of flowers.
They sing ballads by the branching willows.
The candle of my love burns down before your eyes,
My sorrow is bathed in the symmetry of my two palms.
Here are red-green mansions, and, in crimson broadcloth,
Young warriors coming down the narrow, oak-lined paths.
White geese fly, nervous turtle-doves perch
On pearly coral branches.
It is the season of the growing stone, of the singing almond trees
Rooted in ground enchanted to sleep by incantation.
O helpless hand and firmament . . .
My heart has suffered much, my heart is a small bird
Separated by the frosted glass of long distances.
It is said that the passionate love never tires.
There were seven kinds of flowers in her hair
That fell in wild profusion over her slender belly.
In the evening I stripped and slept with her.
I saw the morning star, I saw the Pleiades.
Strangely, strangely, the singing hoopoe woke me.
I was going to Tekir, side by side with the heavy rain,
Passing the bridge over rippling water.

Değiştirmeler'*den*

6

Deniz kızlarını beklerken,
Güneş yağmuru başladı denizde,
Akkor sanrıların töreni.

Nedir anlığımızdan geçen,
Sayıları da bilmem, nesneyi de,
Kokuların ayak sesleri.

Tanıdık bu dünya bir yerden,
Gözlerimi açıp kaparken mi ne,
Aklıma bir şey gelmişken mi!

Evcilleşmiş gün, suçlusun sen,
Bu yürümeyen öğlenin yedeğe
Aldığı usavurma gibi.

Deniz kızlarını beklerken,
İşte, tözün simgesi başlar gene,
Bir söz uçarılığındaki.

Nar gibi ikiye bölünen
Ruh eğer sürekli bakışık ise,
Yiter tanrıların töreni.

Yiteriz olduğumuz yerde

from Changes

6.

While waiting for mermaids,
Hallucinatory rites bubble red-hot
On the sea, and the sun-rain glints.

What passes through the brain?
I don't understand numbers or devices,
Or the odor of footprints.

We know this world from another place,
As when I open and close my eyes,
Or when something conjectural arrives.

You are the guilty one, subdued day,
Like motionless noontime,
Towing what we recall behind.

While waiting for mermaids,
Your core symbol opens for the first time
In a mercurial world.

If the soul is continually symmetrical,
Like a divided pomegranate,
They will disappear, the god's rites.

We'll vanish from our own sites.

7

Denizle karayı yanyana bulduk
Kuş sesi gibiydi tamayın komşuluğu
İğde kokarak dökülmesi yıldızların,

Sonra yağmurlar başladı ve soğuk
Taşlar topladık ama çekülümüz yoktu
Çatıyı kurmaya, yıkılmış bir duvarın

Dibinde üşüyerek çoluk çocuk
Sanki düşsel ayçiçeğinin varoluşu
Gibi dünyaya varacak güneşe yakın

Her şey bildiğinceydi, bir suskunluk
Ve acı çekmenin bilinmedik uğuru
Bildik bir totem gibi göğünde sabahın

Diker karşımıza gözleri oyuk
Ve ayakları delinmiş Oidipus'u
Her akşam aynı töreni başka bir avın,

Çünkü doğada suç yoktur ve ufuk
Yalnızca ulu insan için kan kokusu
İle bulanır peşin verilmiş cezanın.

Çalışmanın tapınağına gir ve arın.

7.

We found the sea and the shore side by side,
Like the sound of a bird in a crowded tenement,
Or like stars that smell like wild olive as they fall.

Then it started to rain and got cold.
We gathered stones but didn't have a plummet
to assemble the framework of the collapsing wall.

Kinsmen all together in a crowd
Tremble at the edges of the dream-like fact
Of sunflowers reaching from earth to the sun.

Everything is what we know, a quietude.
And the good luck of unknown torment
Is, we know, a symbol on morning's breast.

It gazes with the hollowed eyes
And pierced feet of Oedipus,
The same ritual for different victims every night.

Because there is no crime in nature, and the smell
Of blood blends with the horizon, advance punishment
Is given only to the greatest of human beings.

Enter into worship, and be purified in working.

SAMİ BAYDAR

Translated by Murat Nemet-Nejat

Yaprak düşünce esime

Yaprak düşünce esime
ilişkisizce dönerek düşünce betona
—dönerek bir ilişki kendisiyle
yapabileceği daireleri ve
her dönüşte değişen çapı
bütün bu çaplarin toplamı
onun yere olan uzaklığını
gösteriyor o da hem bunu
görmeyi—daireleri—hem de bunu
göstermeyi—uzaklığı—istiyor
esimle ilişkisi yok o kendini götürüyor
betonda bir yazarin yüreĝinin atışları
olarak izliyor bu dönerek kendi
üzerine inmesini yaprağın

Leaf a thought of the breeze

Leaf a thought of the breeze
irrelevantly twisting falling on the cement
in guilt
--turning a connection with itself
joining the ends of a circle and at every turn
a change of angle
and the sum of all these dimensions
shows its distance from the ground
and it desires only
to see these—the circles—and to show
this—distance—
unrelated to the breeze
it only sees itself
tracing as
the gestures of a writer's heart in
the twisting falling of
the leaf on itself.

VII

Kulağına dokunuyorum hüzün veriyor
bana çizicilerden birini anlatıyorsun
onunla sevişmenizi
kulağının bölümlerinde sevgiyle ilerliyorum
çizici kulağını bir yılda çizmiş
ellerim uyuşuyor dudaklarıma götürüyorum
nasıl uyuyor sözcüklerin yanındakine
"Baba oğul ve mutlu ana çocukken bir aradaydı"
Neden bu isimle anıldı resmin delikanlı
Sana söylüyor acı duman
lar bir gözden düşüyorlar
ama hep birlikte—bir başına hiç bir işe yaramaz—
                              diyorlar.
(Bir delikanlının gözyaşı korosu yaşamını yalnız
sürdüren soyunup süren kesiklerine erkeğini yitirmiş yer
kürede.)

VII

I am touching your ear, it produces sadness
you are telling me of one of the draughtsman
your making love together
in the partitions of your ear I'm progressing with affection
the draughtsman is drawing the ear in one whole year,
they say
my hands feel numb i take them to my lips
how do your words fit together with that next to you, in your dream
"Dad son and blessed mom were together in childhood"
why is your picture known by this title young man,
the bitter fume-
s
are asking
falling from some eye-
s—but all together—all alone it's worth shit—they say
(A young man's chorus of tears of all alone enduring losing
his manhood to the gashed naked fields on earth).

Biri

Karım ağladığı zaman
uşakların susmasını söylüyormuş
hani ben, elini öperlerken
görüyorum ya aynaya baktığımda.

Otlar içirip karıma kızıma
sarıldıklarında, ben aynadan görüyorum ya
karım uyurken tapıyor uşaklar
yatağının yanında.

Bizler birlikte olduğumuzda
sırtımı dönünce, göremiyorum ne yaptıklarını.

Uşağım karımın önünde
alnını yere koyuyor sırtından
bir başka canlının üst kısmı uzuyormuş
karımın bir çocuk gibi sözünü dinleyen.

Böyle söylüyorlar, biliyorum karım
bana yalvarıyor yerde, ama ben
aynada birine sarıldığını görüyorum
üzülüp seviyorum onu.

Sevgim onun vücudundan
ağırlıklar kaldırıyor ve o hafifleyerek

No One Home

When my wife cried
my servants told her to keep quiet
as I, while they kiss her hand,
see it in the mirror.

They embraced my wife, daughter,
making them drink herbs, I saw it in the mirror,
she sleeping, they worship her
by her bed.

Together,
when I turn my back, I don't see what they are doing.

Before my wife my servant
puts his forehead to the ground, from his back
the top of a creature is emerging
who listens to my wife like a child.

That's what they say, I know my wife
is pleading with me on the floor, but I see
her climbing someone in the mirror
sadly I love her.

My love lifts the weights from her body
and she, growing light,

bana yaklaşabiliyor
uşak yerdeki kanı görünce
aynada ben onun ağladığını görüyorum.

Aynada uşak merdivenlerden iniyor
bir postacının geldiğini görüyorum
uşak evde kimsenin olmadığını söylüyor.

can approach me
as the servant sees the blood on the floor
I see her crying in the mirror.

The servant is climbing down the stairs in the mirror
I see a postman arriving
the servant says there is no one home.

Koza

Hava
suyun ve ateşin içinde
ve yıldızda.

Sırtımdan fırlatıp atacağım
belli belirsiz bir zayıflık
yusufçuk kanatları gibi

Mineli ve ışıklı kırlar gibi
ölmüş duygularla besleneceğim bir süre daha
koca ören bir krizalit gibi.

Bir ağın içindeki ölü ağırlık
balıkçıyı ürküten.
Belki çekmedi, çekemedi o avı
bıraktı ağını denize.

Bir belirti
bir hava kabarcığı olsun vermeyen
giderek ürküten karanlık su.

Pine Cone

Air,
is inside water fire
and star.

I'll rip off my back
a left-handed weakness
like
dragonfly wings.

Like a giant pupa
I'll feed on dead feelings a while more
like on glazed lit fields
spinning.

In a net—a dead weight—
scaring the fisherman.
maybe he did not, could not
haul that catch,
letting the net loose
in the water.

A shadow
that doesn't drop a hint of swelling froth
merely moving scary dark water,

Suyu derinleştiren benim içinde oluşum
belki de
giysiler içinde
çözemeyeceğim kadar sihirli bir sır.

Maybe what makes water deeper
is my being in it
in my clothing
the eluding bewitchment's weakness re-
woven
beyond my knowing

Uykuda Sevilmek

İki paralel çizgi arasında uyku
bir opera kuğusu gibi ilerler.

Sanki gök erikleridir melekler
gözyaşlarımın olgunlaşmasını bekleyen
çürütmek için
ve bir daha tekrar etmeyen
bütün acılar için.

Baska bir acının kanatları vardır
elbisesine tutturulmuş.
Ve melek
kitabının adını
kapağının karanlığına yazar.

Bir daha bakarsın, bir daha, bir daha
kuğular kelebeklere doğru
uykuların yanık yerleri
ve et, şehvet.

Eriklerin yuvarlanışı yanyana
buluşup çürümek.

To Be Loved in Sleep

Sleeping between two parallel lines
advancing like an operatic swan.

Purple stains are... like sky plums
waiting for tears to ripen,
to rot them
and for all the pains which come,
but once.

Another pain has wings
sawn to its clothes.
And the angel writes
the title of its book
into the darkness of the cover.

You look once again, once more, once more
swans towards butterflies
the burnt nooks of sleep
and flesh, and lust.

Plums rolling next to each other,
meeting and rotting.

Kral Tacı

Dünyada, biri bir pencere kapatıyorsa
—Bilmeden hiç bir yer ve zaman
biri daha vardır ona penceresini kapatan.
Simetrik geçmişine bakarken yıldızlar
tacına da bakarlar kralın.

Küçük bir çevredir ay ve yıldızlar, derler
—Yedi ayrı renkte tutuyoruz gökkuşağını
bu yalın dilek ölülere göre değil—
Yine de büyük sessizlik yıldızları almaz
o küçüklerden biri bu işi üstlenir.

Ve senin gözlerinin içinde hizmetçiler
bir an olsun bırakmak isterler ütülerini.

The Crown

In this world if someone opens a window—unaware
nowhere no time— there's another making
him do it.
Scanning the history of symmetry, stars
also scan the royal crown

Moon and stars are only a minor circle,
they say,
holding light spectrum to seven severe colors—
this minimalist desire isn't for the dying—
still greater stars, leave empty that great silence,
one of the lowly ones takes the job

And inside inside your eyes, maids,
would like for a moment cease ironing.

Martılar

Bataklıkta fokurdayan avuntular değil mi
ayışığı ve piyano bulanlar ve Roma Çanları?
Saflıkları kaybolduktan sonra ölüyor avuntular
insan anlıyor nefesinin tükendiğini.

Tabutun açıldığı zaman gülümse ölülere
ne kadar zor desinler taşımak bunu, taşımak!
Kahkahalarla güldüğün keyif anında kralım
yeni gelen her zaman hak eder yalanı.

Ölü evinde birikir martılar birikir
bir ışık tutar gibi sanki aralarına
bu küçük boşluklardan yararlanan gözlerin açıldığında
bakma güzelim bakma bana, bak onlara.

Seagulls

Boiling in the swamp, aren't they consolations
the finders of moonlight, piano and Roman bells?
consolations dying, lose their innocence
then one understands, "i lost my breath"

When your coffin opens, smile for the new friends
complain how hard it is to carry this to carry this
my Lord, during the moments of laughter
treat me nice

In the house of shadows, the sea gulls multiply, they multiply
lit up by your flashlight...
my eyes, wounded by these, little empty chasms open
don't watch me, darling, watch them...

Kaf

Hangi çağlayanı
görmeden unutmadın ki sen
bu dün gece hâlâ
ikisinden biri diyebilen.

Kal orda, vakit tamam
kuzular çoktan kapandı ağıllarına
melemeler kesildi
ahır cinleri geldi.

Geceleyin köyden geçen
bir tüccar olmalı
karanlıkta gülleri gören
saman çöplerini
bunları yanlızca tek bir bütünde eriten
bir erkek olmalı.

Örneğin verilen başka bir baykuş
gecenin derin sularında
kendi hayaline dalmış
boynunda hayal yakası.

Niçin sarı yıldızlı olmasın
benim gözlerimin yumurtaları
bulanık ama saftır hayatım

Kaf Mountain

Which waterfall you didn't forget
without seeing
which, until last night
you could still say
either.

Stay there, the time is ripe
lambs have long been in their pens
the baaing ceased
the djinns of the stable arrived.

The one passing thru at night
must be a merchant
who can see the roses in the dark
the straw chaff
but must be a man who can melt
all this in one go
into one.

The given paradigm is another owl
in the deep waters of night
rapt in its own reverie
the collar of reverie around its neck.

Why shouldn't the eggs of my eyes

cins bir hayvan gibi giderim
istiyorsan yokolmamı.

Cins bir hayvan gibi giderim
bunlardir benim şekillerim
ondan ötekine akarım
yanlızca acılar kalır sana.

Ardından biten çimenleri görsen
gülleri, halılar döşenmiş yolu
kaf dağına giden
ordan döndüm geldimdi her seferinde ben.

Arama artık
boynumda hayal pası
hayal yakası yırtılıp atıldı
kimse çıkmayacak dışarıya
herkesin içinde
kaf dağına giden yol
ordan gördüm senin gelemez olduğunu.

be without yellow stars?
clouded, but my life is pure
i'll go like a pedigree horse
if you want me to get lost.

Go like a pedigree horse
these are my shapes
flowing from one to the other
only pains will be left to you.

See the grass growing after me,
roses, the road going to Kaf mountain
covered with carpets
I returned and arrived from there,
each time

Cease searching
the rust of reverie around my neck
the yoke of reverie is ripped off
no one will step out
the road leading to Kaf Mountain is
inside everyone
from which I saw you were unable to come.

Bebek Kafatası

Senin kafan
insan yumurtası gibi
benim düşüncelerimi
içeri çekiveriyor hemen.

O ki ben
yaşamak isterim
her defa yeniden
yenilmeden sana.

Bak ulaştı artık atlar ırmaklara
toprak yeni bir hayat başlatmakta
uzaktan bizi izleyen
hiçbir şey yok artık.

Çıkar aklından
sana ait olmayan iklimleri
uzak yaşamları içinde ıssız
ve çekingen kalsın o yağmurlar.

Aşkı ordan oraya taşımak
bana da mümkün gelir
güzel olmasa da devrik yaşam
dört yönlü yaşam.

Baby Skull

Your head
like a human egg
is pulling all my thoughts
within itself.

Him that I want to live...
without being beaten every
time by you
again.

Look horses have finally reached
streams
the earth starting anew...
there's nothing any more
tailing us
from a
distance.

Get out of your head
the climates that don't
belong to you.
let *those* rains remain solitary
and shy
in their remote
existence.

Kalabilirdin sen ki
tek merkezden idareyi bilen
seni çevreleyip yutmaz ki çemberler
ama yetmezse yönler.

Gelir uzaktan
bebek kafataslarıyla dilenci gemileri
gemiler dolusu kıyılara itilmiş
hayatlarla gelir.

Hayallerle, bebek kafataslarıyla
şiire daha sonra benzeyen
içinde taşıdığı—Tasarladığı—
yaratıp yutmaya hazırlandığı evren.

To move love from there
to there
is possible for me
also,
even though a collapsed life is not beautiful
it is four-dimensional.

You could have stayed there
you who knows how to govern from a center
circumferences don't surround and swallow you
but what if two dimensions weren't
enough.

Came from far
ships of paupers full of baby skulls
pushed to shores
full of lives.

With hallucinations and baby
skulls what he carried
in him later began to resemble
poetry—the universe he conceived and planned and was
getting ready to swallow.

Emily Dickinson

Kitap
kurduydu.
Hediye ederdi
kitapları.

Hani Emily Dickinson
bana akrilik boyalarını
vermişti
herkes boya hediye etti.

Nedeni mi
Emily Dickinson
çünkü benim boyamı
hani sen geri istemiştin
vermek için
o da anlatıyordu İngiltere'ye kadar.

Çöplerini
verdiler.

Hani sen Emily Dickinson
bana Noelde iki şiir vermiştin.
Mucize üstüne mucize
çalıyordu kapımı
18 yaşındaydım.

Emily Dickinson

She was a
book worm,
gifting them
to friends.

You remember,
Emily Dickinson
had gifted me
her acrylic paints.

Everyone was gifting paints.

Why,
Emily Dickinson,

you'd asked my paint
back from me
to give it...

I was told this all the way to England.

They gave you their garbage.

Remember,
Emily Dickison

Emily Dickinson'ın
arkadaşı gözlüklerime gülerdi.

Seninle
aşk yaşadığımı
söylemiyordum inanma bunlara
Emily Dickinson.

you'd given me
two poems
for Christmas.
Miracle of miracles,
my door was ringing.
I was 18.

Emily Dickinson's friend
used to laugh
at my eyeglasses.

I didn't mean
you're my lover Emily,
don't you believe a word they say.

Ölüm

Devrilmiş bir vazo çiçek
boş gönlümün
gözlerimin önünden geçiyor
herşey gibi.
Düzeltmek için yarını bekleyecekler.

Biliyordum, bir kuş gibi
oraya sığmazdım ölmesem.

Kırmızı Odalık

Kirmızı odalık
duvarda asılı
tacize uğramış.

Dying

A capsized vase,
flowers are filing
by my empty eyes
to be redressed
they'll wait till tomorrow.

I knew it

couldn't fit in
there

a bird   in   a   cage.

The Red Odalisque

The red odalisque
has encountered
anxiety
hanging on the wall.

MURAT NEMET-NEJAT

Sami Baydar: a Language of Dying (1962-2012)

&

An Alternative Translation of
Yaprak Düşünce Esime

Sami Baydar,
a Language of Dying (1962-2012)

"I am you, when I am I." "Éloge du Lointain," Paul Celan

Between 1987 and 1996, in four books, *Dünya Efendileri* (1987), *Yeşil Alev* (1991), *Dünya Bana Aynısını Anlatacak* (1995) and *Çiçek Dünyalar* (1996), Sami Baydar created one of the most resonant bodies of work in Turkish poetry. Starting with *Varla Yok Arasında* (2003) and continuing with *Nicholas'ın Portresi* (2005) and the posthumous book *Vücut Her Zaman Savaşır* (2012), Baydar's poetry begins to develop a minimalist, elliptical style, with a deceptive simplicity—a period that corresponds to Baydar's returning to his family's home in Merzifon and spending the rest of his life there mostly in isolation from the Istanbul poetry community.

The present selection contains the untitled opening fourteen-line poem of his first book *Dünya Efendileri*—in my opinion one of the most stunning and complex poems of modern Turkish poetry—and three poems "Emily Dickinson," "Dying" and "The Red Odalisque" which he wrote in the last years of his life and appear in *Vücut Her*

Zaman Savaşır[1]. Comparing them one can see the striking stylistic change Baydar's poetry undergoes in twenty-five years. Nevertheless, the break is more apparent than real. Despite their pared-down simplicity, the later pieces are full of gaps, indirect, ambiguous references, narrative leaps which draw the attention away from the words, what is being said, to what is being unsaid, the silent space around the words:

"darkness is making words vanish
in its opening the thorny stem called silence."

("Poem of Dust")

A similar space—basically a space created in the mind—is the heart of the first poem also and of the whole body of Baydar's poetry. The fourteen-line poem is built around two crucial puns which occur in the first line of the poem: "Yaprak düşünce esime." "Düşünce" means "as it is falling." It also means "thought." The poem traces the staccato motions of the fall of a leaf from a tree in geometric, four-dimensional precision (angles of leaves to the ground change as they move in time)[2]. Simultaneously, the poem depicts a movement of thought tracing that fall. What Baydar's poem ultimately depicts is a tissue of thought in motion (occurring in the reader's mind, hooked to the text

---

1. *Eda: An Anthology of Contemporary Turkish Poetry*, edited by Murat Nemet-Nejat published by Talisman House in the United States in 2004 contains twenty pages of Baydar translations, but none from his first book *Dünya Efendileri*. The book was out of print, and I could not get hold of a copy despite all my efforts.

2. A similar analytic depiction of motion occurs in the poem "Deniz Kuşu" from *Çiçek Dünyalar* which depicts the movement of a sea gull, hovering over and grazing the surface of waves in the sea (*Eda: An Anthology*, p. 277).

by the pun). In that way, in the poetry the objective and the subjective become unified, the objective world (*and* words) becoming a portal to a spiritual world (the empty, silent space surrounding language).

The second pun is in the word "esime," which means "breeze," "the blowing of the wind." It also means "(in)to sin" ("As it is falling (in)to sin"). Once again, the physical, objective falling of a leaf is unified with (is a trigger for) a spiritual fall from grace. Air has a very important place in Sufi cosmology because it unifies the invisible divine with the visible. One may have intimations of the divine by tracing the movements, cadences of a branch or a leaf affected by the wind[3]. Even though the word God is barely mentioned in it, Baydar's poetry is imbued with a Sufi sensibility[4].

Reading Baydar's poetry, a critical fact to consider is that he was a painter before he was a poet—his university degree was in drawing and painting.— His poems progress by the poet assigning mental spaces to his thoughts. Often, the structure of the poems consists of the arrangement of these spaces, the music and cadences they create. Language itself—the syntactical clarity of references within a sentence—is secondary, seemingly an afterthought, almost

3. Another example of the interaction between the invisible and the physical worlds occurs in Celal Silay's poem "branch swings in the wind" (*Eda*, p. 87). Like the invisible wind, though "God" is almost never mentioned, a melancholy spirituality permeates modern Turkish poetry. I call this unique characteristic "godless Sufism" in my 1995 essay "A Godless Sufism: Ideas on 20thCentury Turkish Poetry." (*Eda*, pp. 323/33)

4. I also discuss in detail the subversive spirituality of modern Turkish poetry in "A Godless Sufism: Ideas on the Twentieth Century Turkish Poetry" (*Eda: An Anthology*, pp. 323/33). The word God is the absent presence (the "sea bird") hovering over the main body of Turkish poetry, the wind blowing through it.

never, *except for the puns*, the direct focus of the poet. The arrangement of thought in some of his most resonant poems seems on the verge of chaos—due to sudden jumps and a shifting ambiguity in *who* or *what* the addressee is, partly achieved by the absence of gender and most other specifying distinctions in Turkish pronouns—a language which seems a mixture of flatness pierced by moments of dazzling clarity. What one has is a space of blurred meaning where what one "sees" are interchanges among different cadences/spaces. The main impetus of the Baydar poem is to move from the specifity of language to the openness of blurred space, the transition from the limitations of words to a place beyond them: in other words, a poetry on the peripheries of language.

That space in the poems is referred to as "darkness," "sleep," "parallel lines," "the sky," etc. They all participate towards and unify in a vision of death, the other "it" the subjective ("I") expression of which is impossible and where language breaks down. Baydar's poetry is involved in a thrillingly daring, destructive, paradoxical act—basically, the gesture of cutting the branch on which one stands and observing its fall (*or the bird's flight*).

Like the poet Ahmet Haşim in the 1920's, Baydar has been called by some critics naïf, awkward, an "idiot savant" who does not know what he is doing and the resonances in his poetry—even if ever there—are happening innocently, despite him. Nothing is further away from facts. Baydar is involved in one of the most radical acts that a contemporary poet can be involved in, the almost destruction of the very medium on which poetry stands, language, for the purpose of transforming its possibilities. In that respect, he reminds me of another Turkish poet Orhan Veli and his statement in the *Garip* Manifesto of 1941, "We wish it were possible to dump even language itself." Whether Baydar succeeds in the endeavor is up to each reader. After extensive reading and brooding on his poetry, going through the gyrations of doubt and enthusiasm, where I finally stand is perfectly clear.

Murat Nemet-Nejat
June 30, 2013

Alternative Translation of
"Yaprak Düşünce Esime"

Leaf a thought of the breeze
irrelevantly twisting falling on the cement
in guilt
--turning a connection with itself
joining the ends of a circle and at every turn
a change of angle
and the sum of all these dimensions
shows its distance from the ground
and it desires only
to see these—the circles—and to show
this—distance—
unrelated to the breeze
it only sees itself
tracing as
the gestures of a writer's heart in
the twisting falling of
the leaf on itself.

FALL

turning a relevance (a connection)
points to (shows) the circles the turning
makes with (in) itself, and to the alteration

of directional angle at every turn, and the sum
of these (the) angles point to
its distance from the ground—and it
wants to see these—the (directional) angles—and to
point (show) it—the distance—
to me.
it has nothing to do with the breeze,
self motivated,
it carries itself, tracing on the cement
as the beatings of a poet's (writer's) heart --and
the turning (twisting) of the leaf
descending into
itself.

NOTES ON CONTRIBUTORS

MELİH CEVDET ANDAY's long career stretched from the nineteen-forties into the twenty-first century. In 1941, he and his friends Oktay Rifat and Orhan Veli published *Garip* ("Strange"), a little book of poems that severed the new Turkish poetic tradition decisively from its Ottoman past and set the terms for modern Turkish verse. Sidney Wade and Efe Murad have just recently completed translating "Strange."

SAMİ BAYDAR was born in the Anatolian town Merzifon near the Black Sea. His formal education was in the arts, particularly in drawing and painting. He graduated from the Department of Painting of Mimar Sinan University in Istanbul in 1987. He had the first one-man exhibition of paintings in Istanbul in 1989. Sami Baydar's poetry books include *The Gentlemen of the World* (*Dünya Efendileri*, 1987), *The Green Flame* (*Yeşil Alev*, 1991) *The World Will Tell Me the Same Story* (*Dünya Bana Aynısını Anlatacak*, 1995), *The Flower Worlds* (*Çiçek Dünyaları*, 1996), *Between Being and Not-Being* (*Varla Yok Arasında*, 2003) and *Nicholas's Portrait* (*Nicholas'ın Portresi*, 2005). Sami Baydar died on October 29, 2012. Right after his death, Yapı Kredi published his collected works *The World's Belief* (*Dünya İnancı*, 2012) which also includes the poems he wrote after 2005.

LISA BOURBEAU shares the side of a small New Hampshire mountain with two greyhounds, four BLM mustangs, and an assortment of native wildlife. Her poetry, translations and criticism have appeared in numerous online and print journals, including *webdelsol, Talisman: A Literary Journal,* and *Ploughshares.* Author of *Cuttings from the Garden of Little Fears,* she is currently working on the translation of selected poems of the inimitable Turkish poet Lâle Müldür.

ASAF HÂLET ÇELEBİ was born in Istanbul in 1907. He held a lifelong passion for eastern thought and mysticism, which was reflected in his three short experimental books of poetry, *He* (1942), *Lâmelif* (1945) and *Om Mani Padme Hum* (1952). He died in 1958.

MEVLÜT CEYLAN was born in Ankara and since 1979 has been living in self-imposed exile in London. He has published three collections of his own poetry in Turkish and has translated many Turkish poets into English, publishing a series of chapbooks from Core Publications of the work of Cahit Zarıfoğlu, Arif Ay, Nuri Pakdil, Erdem Bayazıt and Asaf Hâlet Çelebi among others. He has also edited two anthologies of Turkish poetry in translation. He founded *Core: an international poetry magazine* with the poet Feyyaz Fergar in London. He has translated into Turkish selections from James Joyce's *Chamber Music,* RD Laing's *Conversations with Children;* and poems by Mahmoud Darwish, Faiz Ahmed Faiz, Marvin X, Imamu Amiri Baraka, Kobi Nazrul Islam, among many others, in Turkish literary journals.

RUTH CHRISTIE was born and educated in Scotland, taking a degree in English Language and Literature at the

University of St. Andrews. She taught for two years in Turkey and later studied Turkish language and literature at London University. For many years she taught English literature to American undergraduates resident in London. With Saliha Paker she translated a Turkish novel by Latife Tekin (Marion Boyars, 1993) and in collaboration with Richard McKane a selection of the poems of Oktay Rifat (Rockingham Press, 1993). A major collection of Nâzım Hikmet's poetry, again with Richard McKane, was published by Anvil Press in 2002. Translations of several short stories and poems by other Turkish writers have appeared in magazines and anthologies in Britain and Turkey.

CLIFFORD ENDRES has taught at the University of Texas at Austin, and in Turkey at Ege, Boğaziçi, Başkent, and Kadir Has University. He is the author of *Joannes Secundus: The Latin Love Elegy in the Renaissance* (1981) and *Austin City Limits* (1987). With Selhan Savcigil-Endres he has translated Turkish poets Güven Turan, Enis Batur, Gülten Akın, and novelist Selçuk Altun. His articles and translations have appeared in *Agenda*, *Chicago Review*, *Edinburgh Review*, *Massachusetts Review*, *Near East Review*, *Quarterly West*, *Renaissance Quarterly*, *Seneca Review*, *Southwest Review*, and *Texas Studies in Language and Literature*.

SELHAN SAVCIGIL-ENDRES has taught at Hacettepe, Başkent, and Kadir Has universities and has written on Turkish and American authors such as Orhan Pamuk, Toni Morrison, and Paul Auster. Her translations (with

Clifford Endres) of poetry and drama have appeared in, among others, *An Anthology of Modern Turkish Drama*, *New European Poets*, *The Massachusetts Review*, *Near East Review*, *Quarterly West*, *Seneca Review*, *Talisman*, and *Translation Review*. Translations of two novels by Selçuk Altun, *Many and Many a Year Ago* and *The Sultan of Byzantium*, were published respectively in 2009 and 2012.

BEDRİ RAHMİ EYUBOĞLU was born in 1911 in Görele, on the Black Sea. He entered the Academy of Fine Arts in Istanbul in 1929, then studied in Paris with Andre Lohte. In 1937 he became an instructor at the Academy (which was to become Mimar Sinan University), where he remained until his death in 1975. A founding member of the influential D Group of Istanbul artists, Bedri Rahmi won many honors as a painter, but he was also a poet among painters and a revered teacher.

LÂLE MÜLDÜR is the author of more than ten collections of poetry, including *Voyıcır 2*, *Saatler / Geyikler*, and *Ultra-zone'da Ultrason*, which won the Altın Portakal Poetry Award in 2007. She is also author of the novel *Bizansiyya*. Two selections of her poetry have been translated into English, *Water Music* and *I Too Went to the Hunt of the Deer*, and a collection of her work inspired by the French painter Colette Deblé has been translated into French: *Ainsi parle la fille de pluie / Yağmur Kızı Böyle Diyor*. Several of her poems have been set to music, the most famous of which was "Destina" by Yeni Türkü. Müldür currently resides in Istanbul.

EFE MURAD is a poet and translator, currently working towards his Ph.D. in Middle East Studies at Harvard.

MURAT NEMET-NEJAT is a poet, translator and essayist. He edited and largely translated *Eda: A Contemporary Anthology of Turkish Poetry* (2004), translated Orhan Veli, *I, Orhan Veli* (1989), Ece Ayhan, *A Blind Cat Black and Orthodoxies* (1997), Seyhan Erözçelik, *Rosestrikes and Coffee Grinds* (2010), Birhan Keskin, *at the bifurcation/ they part* (2012). He is the author of "Questions of Accent" (1993), *The Peripheral Space of Photography* (2004) and, recently, the memoir/essay "Istanbul Noir" (2011) and the essay "Writing *The Structure of Escape*: The Linearity of the Arc" (2012), the poems "steps" (2008), "Prelude" (2009), "I Did My Best Work During a Writer's Block" (2009), "Disappearances" (2010), "Alphabet Dialogues/Penis Monologues" (2010) and *The Spiritual Life of Replicants* (2012). He is presently working on a collection of the Turkish poet Sami Baydar's poetry in English and on the long 7-part poem *The Structure of Escape*.

GÜVEN TURAN was born in Gerze, Sinop, in 1943. He studied English and American Literature at Ankara University and holds an MA degree in American Literature. He worked as an instructor at the same university, wrote programs for the "Voice of Turkey," which broadcasts for Turkish nationals living abroad, edited literary reviews, and, from 1976 to 1995, worked in advertising. His first poem was published in 1963, and since then he has published many poems, short stories, novels, art and literary critiques, and translations of English and American poets. To date he has produced nine books of poetry, three novels, three books of essays and criticism, and a book of short stories. A number of his poems and short stories have been translated into English and French. He has participated in the International Writing Program at the University of Iowa; in the Cambridge seminars; and in the Voix de la Mediterranée, in Lodéve, France. He is now a consultant editor for Yapı Kredi Publications.

SIDNEY WADE has published five collections of poetry, the most recent of which is *Stroke*, from Persea Books. She has served as President of AWP and Secretary/Treasurer of ALTA and has taught workshops in Poetry and Translation at the University of Florida's MFA@FLA program since 1993. She and her co-translator, Efe Murad, have just completed a selection of the poems of the Turkish poet Melih Cevdet Anday.

Lightning Source UK Ltd.
Milton Keynes UK
UKOW03f2113170214

226645UK00016B/932/P